El Camino de Santiago

Ovidio Campo

Roser Calafell

laGalera

Somos Santiago, Juan y Teresa,
y una gran aventura os vamos a contar.
Hemos hecho la promesa,
al Apóstol Santiago, de peregrinar.

Nuestro equipaje es una mochila,
buenas botas para andar,
una calabaza llena de agua
y un bordón para ayudar.

En la Colegiata de Roncesvalles,
el Abad nos da la bendición inicial.
En Pamplona paseamos por sus viejas calles,
llenas de alegría y gente cordial.

En La Rioja, por sus extensos viñedos
caminamos y hablamos en buena compañía.
En Logroño cenamos ricas viandas:
cantamos y reímos pensando en el nuevo día.

Por los Montes de Oca nos asaltan unos bandidos,
y los ahuyentamos con simulados ladridos.
Al llegar a San Juan de Ortega, aún con ansiedad,
el párroco nos invita a cenar: qué bondad.

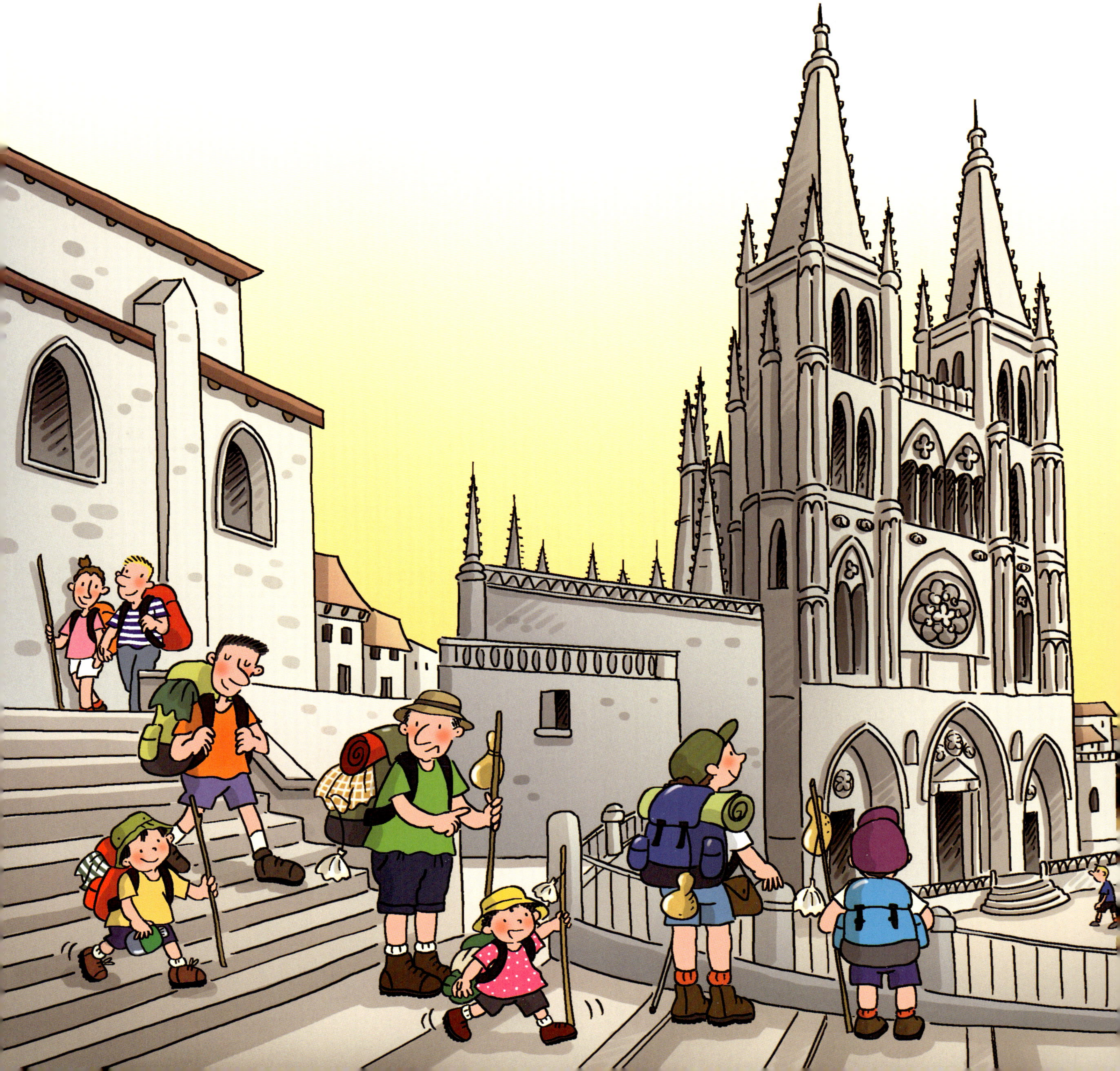

A tierras del Cid llegamos cansados y doloridos,
la jornada es larga y un perro nos ha perseguido.
Visitamos la catedral de Burgos, ¡qué maravilla!
Sin lugar a dudas es la mejor de Castilla.

Por Tierra de Campos ni una sombra nos cobija,
vemos perdices, ovejas y alguna lagartija.
Se nos acaba el agua de la calabaza: qué pesadilla.
Esto parece un desierto. ¡Ancha es Castilla!

León, la Catedral, San Isidoro, San Marcos, el hospital...
Camino de El Bierzo encontramos al tío Julián en Rabanal.
Pasamos por Foncebadón, Cruz de Hierro y Manjarín,
donde Juan toca su violín.

Subimos O Cebreiro: cómo nos hemos esforzado.
En la cima nos acordamos de Elías Valiña, el guía,
que con sus flechas amarillas nos ha ayudado.
Reponemos fuerzas comiendo pulpo:
¡menuda algarabía!

En Galicia corredoiras y robles nos llevan a la capital,
donde llegamos felices y cantando después de andar:
abrazamos al Apóstol al entrar en la catedral.
Y después de Misa, el botafumeiro vemos funcionar.

Os está esperando un Camino muy especial:
coged la calabaza, la concha y el bordón
para vivir una aventura sin igual.
Y seguid la flecha amarilla, cargados de ilusión.

A mis hijos Santiago, Juan, Teresa,
y a todos sus primos y primas Benavides.
(La Fuente de la Higuera. Agosto, 2013)

El Camino de Santiago, de Ovidio Campo y Roser Calafell
Primera edición: mayo de 2014
Novena impresión: febrero de 2025

Perú, 186 – 08020 Barcelona
www.lagaleraeditorial.com

Directora editorial: Pema Maymó
Edición: David Monserrat
Diseño y maquetación: Estudi Claris

Impresión: Índice
THEMA: YBC, YNMC
ISBN: 978-84-246-5181-7
Depósito legal: B 8828-2014